AF261776

RÉPONSE

DE

JULIEN DE TOULOUSE,

DÉPUTÉ PROSCRIT,

A SES DÉNONCIATEURS.

D'un mot ou d'un regard, l'état ici s'offense (1),
Et toujours sa justice a l'air de la vengeance.
Un homme peut périr, la loi peut l'égorger,
Sans qu'un père ou qu'un fils ait connu son danger.
La mort frappe sans bruit, le sang coule en silence ;
Et les bourreaux sont prêts, quand le soupçon commence.

Tragédie d'Otello, par Ducis.

(1) Le gouvernement tyrannique qui a précédé le 9 thermidor.

A PARIS,

CHEZ DU PONT, IMPRIMEUR-LIBRAIRE,
Rue de la Loi, N°. 1232.

===

L'AN III DE LA RÉPUBLIQUE.

LETTRE

Écrite le 27 frimaire, an troisième de de la République française, uné et indivisible, par JULIEN *de Toulouse, à la Convention nationale.*

REPRÉSENTANS DU PEUPLE,

Les formes que l'Assemblée nationale a données à la justice ont déjà mis plus d'un innocent à l'abri de la destinée du crime. La loi de la garantie de la représentation nationale va la rassurer elle-même contre l'erreur et les suggestions insidieuses.

Du milieu d'un désert impénétrable à tout autre qu'à un mortel ennemi de la tyrannie, je réclame aussi la justice de la Convention : ma tête proscrite et mise à prix a échappé au fer vengeur de la cause du tyran renversé. Que je rentre dans les droits qu'a tout citoyen français de deman-

der et d'obtenir justice d'un sénat magnanime, qui l'a réellement mise à l'ordre du
jour, je saurai détruire tous les soupçons
élevés sur mon désintéressement, lorsque
la Convention, après avoir rapporté le
décret qui me met hors la loi, m'aura
permis de me justifier devant elle : je lui
dévoilerai toute ma conduite révolutionnaire, et celle que j'ai tenue dans les différentes places auxquelles la confiance publique m'a porté. Je n'ai point à me reprocher de crime envers ma patrie; ma conscience est pure; et si, pour me rendre la
proie du tyran, il a fallu me supposer *la ruse
de n'avoir rien signé*, combien ma situation doit changer aujourd'hui, où je trouverai autant de défenseurs que d'hommes
justes et impartiaux : oui, citoyens représentans, vous changerez ma situation; sous
le règne de la tyrannie mon sort n'étoit
point à plaindre, je souffrois pour la cause
de la liberté et de la justice; mais sous

celui des loix il deviendroit horrible, car mon silence pourroit me faire présumer coupable, et l'idée du crime me causeroit la mort.

Représentans du peuple, faites donc examiner les causes de ma proscription ; que je puisse profiter du bienfait de la garantie et me défendre devant vous : vous verrez que si jamais j'ai pu être victime de quelque erreur politique, je ne me suis jamais livré aux infâmes manœuvres qu'on m'a supposées ; mais vous n'oublierez pas surtout que le temps où ma perte a été jurée, remonte à l'époque où j'osai dire que si Robespierre prétendoit à la domination, je serois le premier à lui enfoncer le poignard dans le sein. Voilà la source de tous mes maux.

Signé JULIEN de Toulouse.

L'Assemblée nationale consultée, a ordonné le renvoi de cette lettre aux trois comités réunis,

A 3

Séance de la Convention du 18 ventôse, an troisième.

Sur la proposition de Marec, la Convention décrète que Julien de Toulouse, rentrera dons son sein, assujetti aux formes prescrites par la loi du 8 brumaire, relative à la garantie de la représentation nationale. (Extrait du Républicain français, N°. 835, page 3456, première colonne).

RÉPONSE

DE

JULIEN DE TOULOUSE,

REPRÉSENTANT DU PEUPLE,

Mis hors la loi par décret du 16 ventose, an IIe., sur le rapport de Saint-Just,

A SES DÉNONCIATEURS.

——————

La calomnie flétrit tout ce qu'elle touche, elle pare le mensonge des couleurs de la vérité ; elle laisse sur ses pas la trace sanglante de ses ravages ; elle recueille avec une barbare satisfaction les larmes des malheureux qu'elle immole à ses fureurs : la mauvaise foi, sa fidèle compagne, altère ou dénature les faits ; elle les enveloppe d'ombres mystérieuses ; elle crée dés fantômes pour les combattre à loisir ; elle corrompt tous les récits : je vais arracher le voile dont elle se couvre.

A 4

Une politique astucieuse juge d'après ses vues ; la prévention d'après ses fauses idées ; et la haine d'après le degré d'animosité qui la dirige : le vrai philosophe seul sait douter, il se tait quand il manque de lumières ; et il ne se détermine à parler que quand il connoît la vérité. Le proscrit malheureux, chargé de fers ou échappé aux poursuites des tyrans, est respectable a ses yeux, il devient son vengeur ; il n'ignore pas que la vertu, trop souvent opprimée, n'est sortie de leurs mains que pour monter à l'échafaud.

Ces temps malheureux n'existent plus en France, les tyrans sont tombés de leur trône ensanglanté ; ils ont été engloutis au milieu des cadavres palpitans qui servoient de trophée à leur gloire ; le sang ne ruisselle plus dans le centre de nos villes désertes ; on n'entend plus les cris étouffés des familles en pleurs ; l'ami jette sans crainte des fleurs sur le tombeau de son ami ; la confiance renait ; le commerce est vivifié ; les sciences et les arts utiles encouragés, sont les précurseurs de la félicité publique ; et sur les décombres, encore fumans, des ruines, du sang et de la terreur, la Con-

vention nationale élève le trône inébran-
able de la justice et de la vertu.

Je ne crains plus de paroître devant ce
tribunal intègre, rendu à lui-même, à son
indépendance, libre enfin de faire le bien
depuis l'heureuse révolution qui s'est opérée
le 9 thermidor : et la certitude de triom-
pher de la calomnie, ou plutôt de la haine
qui s'est appesantie sur ma tête, me fait
entreprendre avec confiance de dévoiler
ma conduite aux yeux de mes commettans
et de la France entière.

D'abord je discuterai les causes des diverses dénonciations faites contre moi; j'y
répondrai : j'entrerai en second lieu dans
le développement particulier de ma conduite
à la Convention nationale. On me passera,
sans doute, de m'arrêter quelques instans
sur les malheurs qui ont été la suite de ma
proscription ; je ne cherche point à appi-
toyer sur mon sort, je ne demande que
les règles de la plus sévère justice, qui m'est
assurée par le décret de la Convention nationale, du 18 ventôse dernier.

On se rappelle ce temps malheureux où
un homme ambitieux, caché sous le masque

du patriotisme, travailloit sourdement à jetter les fondemens de sa tyrannie, et à détruire la représentation nationale par elle même ; on se rappelle que, couvert du manteau de la probité, dont il n'eut que les prestiges, il agitoit les torches de la discorde pour nous diviser, et fomentoit les dissentions pour en profiter. Malgré les oppositions et les obstacles que je trouverai, il me sera permis de parler, quoiqu'avec regret, de cette journée trop fameuse, et qui rappelle tant d'affreux souvenirs, où la Convention nationale, composée d'un petit nombre de trompeurs, d'un très-grand de trompés et de beaucoup d'opprimés, étoit sous le couteau des assassins.

Le canon d'alarme se faisoit entendre dans Paris le 29 mai, au moment que j'y arrivai avec le malheureux Carra, chargés l'un et l'autre de venir donner des renseignemens au comité de salut public sur la guerre de la Vendée : une commission de représentans du peuple réunis à Saumur nous avoit envoyés à cet effet. Nous paroissons à la Convention ; la division la plus funeste régnoit dans son sein : chacun s'attache, alors, à la branche qu'il croit la plus ferme et la plus droite, beaucoup s'égarent dans les routes qu'on leur présente à ce dessein, et la Convention nationale fut enfin attérée par l'excès de ses malheurs.

Robespierre étoit au comité de salut public, lorsque des propos peu mesurés, sur son compte, m'attirèrent son animadversion. Ma perte fut résolue dans le secret. Je ne tardai pas à être dénigré par les folliculaires stipendiés du comité de sang, dont il étoit l'ame. Quelque temps après, les scellés furent apposés sur mes papiers, et levés par *Moyse Bayle* et *Vouland.......* C'est alors que je me déchaînai, avec toute l'amertume d'une ame ulcérée, contre ce tyran oppresseur de la représentation nationale. Je ne craignis pas de déclarer à *Lebas* et à *Lebon*, ces représentans homicides, chargés de la vérification de mes papiers, que si, comme le bruit s'en répandoit, *il aspiroit à la dictature, je marcherois le premier sur lui, pour lui enfoncer un poignard dans le sein.* C'en fut assez : Robespierre me signala sur sa liste fatale, en traits inéfaçables, et ma perte fut jurée dans le comité secret de ses assassins. Un journal rédigé par le conspirateur *Payan,*

son affidé, et que Courtois a si bien carac-
térisé dans son rapport, me dénonça à
toutes les sections du peuple français, aux
sociétés populaires ; il ne fallut plus que
trouver les moyens de me perdre. Ces
moyens furent d'autant plus odieux, que
la haine qu'il m'avoit jurée étoit invétérée.
Chabot lui servit d'instrument, en croyant
se sauver sous les aîles tutélaires de ce mo-
derne Caligula. Il ne savoit pas, ce dénonciateur, que les tyrans révolutionnaires
n'ont point d'amis, et que le degré de confiance qu'ils ont en leurs agens, est toujours subordonné à l'intérêt de leur ambi-
tion coupable, et à leurs sinistres projets.

Je vais entrer dans le développement de
la dénonciation de Chabot, telle qu'elle a
été trouvée sous les scellés de Robespierre,
où il n'y a pas à douter qu'elle n'eût été
préparée ; mais avant, on me permettra
d'insérer ici la lettre que Chabot lui écrivoit, du secret du Luxembourg, dès le 4
frimaire, six jours après son arrestation ;
elle servira à faire, au moins, présumer
le degré de confiance que l'on doit donner
à sa dénonciation.

*Du secret du Luxembourg, le 4 frimaire,
an deuxième* (1).

« Robespierre, j'adresse au comité de salut public, le journal du père Duchêne, avec quelques observations. Toi, qui chéris les patriotes, daigne te souvenir que tu m'as compté dans leur liste ; que j'ai toujours marché derrière toi dans le chemin de la vertu et de l'amour de l'humanité ; ne m'abandonne pas à la fureur de mes ennemis, qui sont les tiens, n'en doute pas. N'oublie pas, sur-tout, que je suis malade, au secret, pour *avoir ponctuellement exécuté tes ordres* ».

Signé FRANÇOIS CHABOT.

Cette seule lettre suffit pour prouver, avec évidence, que Chabot n'avoit pas craint de se rendre le bas valet du tyran, et d'encenser lâchement aux prétendues vertus de cet aspirant à la royauté. *J'ai marché*, dit-il, *derrière toi*...........

____

(1) Extraite des pièces trouvées chez Robespierre.

(14)

*pour avoir ponctuellement exécuté tes
ordres. . . . . Quelle flagornerie. . . . . . !*
Mais aussi ne voit - on pas , dans ce dernier passage , que la dénonciation avoit été
rédigée d'après les vues et les ordres de
Maximilien.

Venons enfin à cette dénonciation qui ,
analysée , avec quelques développemens ,
se réduit à ne rien prouver , sinon que le
dénonciateur étoit possesseur ou nanti de
sommes considérables , qu'il ne savoit comment cacher aux yeux des surveillans ,
surpris des progrès de son inconcevable
fortune ; elle ne fournit pas plus de preuves
de cette faction corruptrice et diffamatrice
de l'étranger , dont il fut tant question à
cette époque.

Il est bien douloureux pour moi d'avoir
à parler contre un de mes collégues qui
a péri sur l'échafaud , avec des hommes
dont l'histoire des républicains conservera
à jamais la mémoire gravée dans le cœur
de toutes les ames sensibles ; mais je dois
à ma justification , aux soins de ma répu-
tation outragée , de relever les erreurs , les
contradictions , les absurdités même , qui
se trouvent dans la déclaration de Chabot ,

faite au comité de sûreté générale, le 25 brumaire. Il est mon dénonciateur, et si je suis forcé d'évoquer son ombre, je lui dirai, avec le caractère qui m'a toujours distingué : « Chabot, tu t'es porté mon dénonciateur, pour servir la haine d'un tyran sanguinaire; tu m'as forcé, par ta conduite, à dévoiler ta coupable intimité avec lui; je le ferai avec la réserve que je dois à tes malheurs, mais avec la fermeté d'une ame fière et pure, qui veut repousser ton injustice, et qui n'a jamais su plier sous le despote qui voulut me perdre, et qui fut *ton ami* ».

Chabot, *saisi*, (1) en apprenant sa dénonciation aux jacobins, *attacha* 100,000 *livres à une ficelle, qu'il suspendit aux commodités.* C'est, en conservant cette somme, qu'il médite les moyens de sauver sa patrie d'un *grand complot* (2). De - là il va trouver Robespierre, pour lui faire part de ce *qu'il projettoit* (3).

---

(1) Page 13 de sa dénonciation, trouvée chez Robespierre.

(2) Page 14, *idem.*

(3) Même page, *idem.*

Chabot vouloit, disoit-il, découvrir la conspiration qui se tramoit, et il en cachoit le produit, au lieu d'en remettre l'odieux salaire au comité de sûreté générale. C'est par ce moyen qu'il eut obtenu le sauf-conduit qu'il réclamoit, pour suivre cette trame *ourdie dans les ténèbres*, et qu'il eut mérité une entière confiance. Ce n'est, au contraire, qu'à la dernière extrémité, ce n'est que lorsque ses complots sont découverts, qu'il se rend à ce comité; après s'être concilié avec Robespierre, sur la conduite qu'il avoit à tenir dans sa dénonciation : *C'est d'après ton conseil, dit-il au tyran, que je crus devoir taire quelques faits dans ma déclaration, qui, cependant, serviroient aujourd'hui à mettre les deux comités en garde contre les manœuvres de la faction* (1).

Chabot m'accuse de lui avoir proposé un repas à la campagne, avec *des filles* (2). *Je fus étonné, dit-il, d'avoir dîné chez le baron de Batz, ex-constituant.* Le seul

____

(1) Lettre huitième de Chabot à Robespierre, du 26 frimaire.

(2) Page première de la dénonce.

dîné

diné que j'aie fait à la campagne, avec Chabot, et que je n'ai jamais proposé, le seul que j'aie jamais fait chez le *baron de Batz*, est le même dont parle Bazire, dans sa dénonce (1); mais il n'y avoit point de *filles*. Il ne fut question de rien à ce diné. Je pourrois invoquer, à cet égard, le témoignage de *Laharpe*, qui y étoit, si Bazire lui-même ne l'annonçoit : *Aussitôt après le dîné, Chabot, Julien et moi*, dit-il, *revînmes à Paris.* Le dénonciateur est donc en contradiction avec sa mémoire, ou avec les faits.

« Quelques jours après », c'est Chabot qui parle, « un homme, que je n'ai pas revu depuis, me proposa 200,000 livres, pour faire la motion de mettre le scellé chez tous les banquiers » (2); et Chabot, qui étoit alors membre du comité de sûreté générale, se contente de rejetter la proposition *avec indignation;* Chabot ne connoît point cet homme; il ne lui demande point son nom; il ne le fait point arrêter; il ne le voit plus; il ne le dénonce pas. . . . .

____

(1) Page 19 des papiers trouvés chez Robespierre.

(2) Pièce première des pièces trouvées chez Robespierre.

Quiconque connoît Chabot, doutera, sans doute, d'une pareille assertion.........
Quoi ! il se tait sur le compte d'un homme qui lui propose un projet odieux, et peu de temps après, il dénonce, sans preuves, ses collègues Ramel, Danton, Cambon, Fabre-d'Eglantine, Robert, Lacroix, Thuriot, etc., etc........ (1) ; il se tait, lorsqu'il suppose gratuitement que je l'ai fait harceler, pour avoir ma portion dans le dépôt qu'il dit avoir été fait chez lui ; il ne veut me donner que le cinquième d'une portion, parce que je n'ai pas, *comme lui, exposé ma popularité* (2) ; termes bien remarquables dans cette accusation, quand il n'avoit nulles preuves pour la soutenir. C'est ainsi que, comme le rapporteur grossièrement subtil de cette affaire, il entendoit dire : *Julien a eu l'adresse de ne rien signer.*

Du fond de la prison où gissoit Chabot, il entretenoit la plus active correspondance avec Robespierre. Celui-ci dirigeoit ses déclarations, et Chabot lui répondoit : *Tou-*

---

(1) Page 9 et autres des pièces trouvées chez Robespierre.

(2) Page 10 des mêmes pièces.

jours fidèle à tes leçons, je n'ai pas voulu le mettre dans ma déclaration écrite (1). Plus loin, il dit, en parlant de Delaunay : « Je ne m'attendois pas que *notre dénoncé* fût si absurde dans ses récriminations ». Ou Maximilien avoit de grands motifs de ménager Chabot, ou il étoit d'accord avec lui : l'une et l'autre de ces assertions peuvent être également fondées ; car , les basses flagorneries dont il ne cesse de l'encenser , le démontrent d'une manière assez évidente. Ici , il l'appelle *le protecteur de l'innocence :* là, il remercie la providence , qui l'a établi *le défenseur des patriotes :* plus loin, il annonce que, *par respect pour ses conseils , il n'a pas dit tout ce qu'il savoit sur le compte de Fabre :* ailleurs encore, *c'est en lui seul qu'il met toute sa confiance,* etc. , etc. . . . . . . (2) Mais, dans la lettre du 8 nivose, il paroit assuré, enfin, que Robespierre veut le sauver ; et ce qui marque l'union bien intime qui régnoit entr'eux, Chabot lui fixe la tournure que l'on doit faire prendre à cette

____

(1) Page 34 des mêmes pièces.

(2) Pages 46, 52, 55 et autres des mêmes pièces.

affaire, et les conclusions que doit avoir le rapport. « Il est possible, dit-il, que l'on n'ait pas assez de preuves contre les dénoncés; eh bien ! que l'on passe à l'ordre du jour sur la dénonciation . . . . ; que l'on *décrète d'accusation les fuyards*, mais qu'on nous rende à notre liberté » (1).

Quelle infâme tactique ! Il n'y a pas assez de preuves, le dénonciateur en convient; et il faut décréter d'accusation *les fuyards?* Oui, il falloit contenter le tygre altéré du sang de ses collégues : il falloit présenter à Robespiere la tête ensanglantée de ceux dont il avoit juré la perte. J'avois conspiré contre sa tyrannie; c'étoit un titre suffisant à la haine dont *il m'avoit honoré :* et Chabot servoit ses vues ambitieuses ? Chabot, qui dénonçoit un complot diffamateur de la représentation nationale, désignoit lui-même à l'opinion publique une foule de ses membres, qu'il mettoit à la tête de divers complots.

Mais, sur quoi reposent toutes ces accusations? Sur son dire seul. Nulle pièce, nul écrit, nul témoin ne peut attester ces

____

(1) Page 53 des mêmes pièces.

faits ; aucun commencement de preuve n'existe des diverses inculpations ; et en homme qui a oublié sa logique, il tire une preuve d'un fait, qui n'en est une que contre lui. « Dans la dénonciation que je vous ai faite, dit-il, il y a des articles aisés à prouver, tel que celui de la corruption, puisque je vous ai remis cent mille livres qui y étoient destinées . . . . . » (1) ; comme si cette somme ne pouvoit pas provenir d'une autre cause, comme si elle ne pouvoit pas être le fruit d'une autre manœuvre, comme si la corruption pouvoit tomber sur tout autre que sur lui... ; mais je me tais : Chabot n'est plus. . . . . .

Pourquoi se trouve-t-il une telle liaison, avec tant de différence, dans la dénonciation de Bazire et de Chabot ? Pourquoi est-elle faite le même jour, et au même instant ? Pourquoi se trouve-t-elle sous les scellés de Robespierre ? Pourquoi, surtout, s'y est-il glissé une erreur trop notable, pour n'être pas apperçue, au premier coup-d'œil ? Ne crains pas, ombre malheureuse, que je vienne t'accuser au

____

(1) Page 26 des mêmes pièces.

milieu des vivans ! Déjà, on a répandu quelques larmes sur ton malheureux sort; moi - même, du milieu des rochers, j'ai rendu justice à tes sentimens (1), et quoique tu te sois porté mon second dénonciateur, je ne craindrai point de te regretter, et de proclamer ton innocence, au milieu des représentans du peuple.

Bazire, entraîné dans le piége par Chabot, qui lui disoit qu'*il ne pouvoit se sauver que par ma perte*, me dénonce formellement, assure avoir eu des conversations avec moi sur des plans d'agiotage et de finance, et tandis qu'il proteste de son ignorance dans cette partie délicate de l'administration publique, et sur laquelle je n'ai jamais ouvert la bouche à la Convention; il développe un plan raisonné, qui annonce des notions profondes : ici comme ailleurs, ce sont des plans savamment combinés, des projets arrêtés, des motions à faire...... et rien n'est exécuté; nulle somme ne se trouve partagée. Il est prouvé, par ces déclarations même, que je n'ai rien touché; que tous les plans

____

(1) Dans une lettre écrite au comité de salut public.

se sont exécutés sans moi, sans ma participation. Je ne suis pour rien dans l'altération du décret sur la compagnie des Indes ; Chabot, le seul Chabot est dépositaire des 100,000 livres. Toutes les déclarations s'accordent dans ce point remarquable et digne d'attention, que je n'ai touché aucune partie de la somme supposée le prix de la corruption.

Bazire prétend, dans les premières lignes de sa déclaration, que c'est *long-temps après* la révolution du 31 mai que Delaunay lui parla de forcer la hausse des assignats, etc... ; et plus loin, il dit : que *quelque temps* après le 2 juin, Hérault lui demanda s'il connoissoit quelque chose dans les plans de division, et qu'il lui développa alors tout ce qu'il a consigné dans sa déclaration. Ces deux époques, quoique à-peu-près les mêmes, semblent annoncer des rapprochemens qui ne sont pas exacts et qui se contredisent. Ce *quelque temps après* le 2 juin paroît bien moins éloigné que ce *long-temps après* la révolution du 31 mai ; et alors il y auroit une contradiction bien manifeste, puisque Bazire auroit développé les plans d'agiotage avant de les avoir appris. Mais d'ailleurs, comment se fait-il, comment peut-il être probable que je sois resté un temps considérable dans le comité de sûreté générale sans m'entretenir de ces affaires avec Chabot? Comment n'en avons-nous jamais conféré tous les trois ensemble? Comment, lorsque nous venions de dîner chez le baron de Batz, n'a-t-il été question de rien entre nous? Comment ce littérateur estimable qui étoit présent, et dont tous les écrits portent l'empreinte du républicanisme le plus fortement prononcé, n'a-t-il pas été entendu sur ce prétendu complot d'avilissement de la représentation nationale? Comment Chabot ne se fait-il demander ma portion que par des émissaires qui lui sont affidés et qu'il ne nomme pas? émissaires qu'il reçoit journellement chez lui, et qu'il admet à sa confiance la plus intime. Comment Delaunay m'accuse-t-il d'être dans le complot de Chabot, et celui-ci dans l'intrigue de Delaunay (s'il en exista jamais)? Je me perds dans ce balotage continuel de récriminations diverses, où l'on me fait jouer un rôle toujours passif et toujours fort extraordinaire, s'il n'est le plus ridiculement absurde de tous.

Je pense cependant que Bazire et Delaunay eussent rendu justice à mes sentimens, s'ils eussent pu être entendus au tribunal de sang où ils furent appelés; je pense qu'ils eussent relevé les inculpations de Chabot, qui les avoit entraînés l'un et l'autre dans le précipice qu'il s'étoit creusé, en déposant 100,000 livres pour couvrir le reste de sa fortune. Je ne cherche point à inculper leur mémoire; je n'entends faire aucune récrimination contre eux. Comme jamais je ne suis entré dans aucun des complots supposés; comme je n'ai jamais connu aucun des plans que l'on vouloit mettre en activité, s'il en exista jamais, je le répète encore, où Bazire et Delaunay eussent quelque part; doute dont je dois les défendre, d'après la connoissance que j'avois de la délicatesse de leurs sentimens.

Mais Chabot donne pour principaux agens du complot supposé, Delaunay et Benoît; il ne me met qu'en sous-ordre dans la trame qu'il invente : il me représente comme un homme à qui on en a parlé par une espèce de grace; comme un homme que l'on veut gratuitement enrichir, qui n'est d'aucune utilité dans le plan, et à qui il faut donner simplement *le cinquième d'une portion*, c'est à-dire, d'après les données de Chabot, environ *quinze mille livres.*

Bazire, au contraire, me représente comme le principal agent de la faction; comme celui qui développe tous les plans, qui les discute, qui distribue tous les rôles; tandis que Benoît n'est représenté que comme l'émissaire de Delaunay, et l'épouvantail des banquiers. Qu'on n'oublie pas cependant que dans la dénonce de Chabot, Benoît, qui fait tout, se plaint de Delaunay, et dit vouloir l'abandonner et le laisser perdre, pour mettre sur la tête des seuls Chabot et Fabre les finances de la République (1).

Ailleurs Delaunay, en réfutant les déclarations faites contre lui par Chabot, l'accuse d'avoir reçu 500,000 livres pour sauver la Gironde; il déclare que je devois entrer dans le partage de cette somme (2); supposition purement gratuite et qui ne pourroit être prouvée. Oui, je les eusse sauvés, ces malheureux proscrits, s'il m'eut été

____

(1) Dénonciation de Chabot lui-même.

(2) Page 44 des pièces.

possible ; les larmes de désespoir que j'ai versées dans le sein de l'amitié le jour de leur assassinat juridique, pourroient être prouvées. Mais vous, survivans malheureux de ces hommes célèbres, me reprocherez-vous d'avoir diminué les restes de votre douloureuse existence?... Pourquoi suis je contraint de rappeler un fait qui détruit cette inculpation bien hazardée? Lasource, le malheureux Lasource, à qui il ne resta que peu d'amis dans son infortune, craignit-il de s'adresser à moi pour diminuer l'état de détresse où il se trouvoit : hélas! si j'ai partagé avec lui le pain de l'amitié, l'ai-je jamais rappelé à sa femme, à ses parens, tandis que d'autres déposoient au comité de sûreté générale les secours qui lui étoient adressés par leur canal.

Les diverses contradictions qui se trouvent dans les dénonciations faites contre moi, sont une marque plus qu'évidente de leur absurdité; rien ne concourt pour en prouver la vérité, tout, au contraire, tend à les détruire ; et une dernière observation essentielle servira à donner le degré de confiance que l'on doit mettre dans ce grand échaffaudage de conspiration dressé par Chabot, ordonné par Robespierre.

Chabot dénonce Benoit comme dépositaire d'une somme de 500,000 livres , re-
mise par les divers banquiers intéressés.
Les scellés sont donc posés chez Benoit ;
les perquisitions les plus exactes sont faites ;
on ne trouve aucune note , aucun indice
de la conspiration , nul plan de finance ,
nul projet de décret dont il est déclaré
colporteur , aucune somme qui puisse prouver la corruption ; et de plus , Benoit , que
Chabot déclare le principal agent de la
faction , vient d'être reconnu innocent , depuis peu de jours , par le comité de sûreté
générale.

Bazire déclare encore le 26 brumaire ,
et dit formellement : « depuis quelque
temps , on me parle d'un dîné chez Delaunay , qui a pour objet le partage des
500,000 livres ; Julien m'a souvent engagé
à y aller......... » Mais , comment peut-il
être que l'on doive faire le partage , et
que je sois absent ? Comment peut-on dire
que je presse ce dîné , tandis que je suis
en mission ? Depuis plusieurs jours , à
l'époque indiquée , j'étois à Courtalin ; je
n'étois pas encore sur le point de revenir.
On pressoit néanmoins le partage ; et moi ,

qui paroissois si ardent à avoir ma portion ,
je m'éloignois volontairement ; je quittois
la partie dans le moment décisif, j'aban-
donnois tout; plans décidés, projets lucra-
tifs, portion gagnée.......... Quel est donc
celui que j'avois chargé de la retirer en
mon nom? Quelqu'un des prétendus con-
jurés l'a-t-il déclaré ? Benoît, qui, suivant
Chabot, en étoit dépositaire , avoit-il reçu
la mission particulière de m'envoyer ma
portion ? Mais il vient d'être reconnu
innocent, et l'auroit-il été , s'il eut éte un
émissaire de l'étranger pour avilir la représentation nationale, et corrompre ses
membres ?

Mais je dois passer à quelques articles
du rapport présenté par Amar à la Convention nationale. Ce rapporteur, après
avoir longuement parlé de la faction de
l'étranger , qui s'agite en tout sens pour
avilir la Convention ; après avoir avancé,
sans nul fondement, que *la perversité de
Pitt est mise en action par Delaunay* (1),
il ajoute que les moyens de se procurer
des fonds pour opérer la hausse et la baisse

____

(1) Séance de la Convention, du 26 ventose.

des effets publics est très-facile ; car , suivant lui , Delaunay dit à Bazire : « L'abbé
d'Espagnac réclame quatre millions ; il en
abandonnera, pour un certain temps, la
jouissance , si on lui procure son paie-
ment (1) ». Pourquoi donc cette infidélité
entre ce rapport et les déclarations ? car
Bazire dit , au contraire, en mettant ce
propos dans ma bouche : « Que Delaunay
sauroit bien où trouver des fonds ; que
même il avoit refusé de se prêter à un
arrangement proposé par d'Espagnac ».
Mais , comment est-il possible , ou que
Delaunay refuse des fonds , ou que d'Espagnac soit désigné pour les prêter ? la
somme de quatre millions dont on parle
n'étoit point à sa disposition ; elle avoit
été saisie , par ses créanciers , entre les
mains de la nation ; eux-mêmes la récla-
moient avec force, et la Convention avoit
ordonné qu'elle ne seroit payée qu'entre
leurs mains. Si donc le gage du prétendu
agiotage étoit détruit , comment étoit-il
possible de l'opérer ?

Le rapporteur ajoute que « les membres

____

(1) Séance du 16 ventose.

de l'association ont suivi, pour perdre le crédit national, les mêmes moyens que Brissot et ses complices pour perdre la liberté (1) ». Nous voilà donc brissotins, proscrits et condamnés par Amar, rapporteur des prétendus crimes des vingt deux guillotinés ; il dit de plus, que *les membres de la commission des finances ont changé le texte d'un décret.* Il s'en suivroit de là que tous les membres de la commission y ont participé, tandis que Delaunay seul en est accusé par Chabot, et que celui-ci se déclare lui-même le porteur de ce décret à Fabre..... Mais Amar conclut à l'accusation des désignés dans son rapport ; cela alloit de droit, car il étoit en principe, généralement reconnu, qu'un député mis en arrestation, étoit déjà condamné. Si, une seule fois, ce principe ne s'est pas réalisé, croyons que, peut-être, les soixante-treize n'ont survécu à leur arrestation, que par un rafinement de barbarie. Nous voilà donc, accusateurs, accusés, complices, agens, tous traduits au tribunal de sang, pour nous envoyer juridiquement à l'échafaud ; mais ce n'est pas

____

(1) Séance du 26 ventose.

sans que Robespierre ait fait des observations importantes au rapport présenté. Il
se plaint amèrement de ce que le rapporteur a *oublié l'objet le plus important, celui
de dénoncer à l'univers le système de dif-
famation adopté par la tyrannie, contre
la liberté, par le crime, contre la vertu* (1).
Pourquoi? parce qu'il sentoit bien que les
délits imputés n'étant pas prouvés, il falloit
supposer une contre-révolution ; parce
qu'il voyoit que ces délits, supposé qu'ils
eûssent existés, n'étant pas d'une nature révolutionnaire, il falloit les y ranger, pour
completter l'assassinat. C'est pour cela, encore, qu'il fait décréter que le rapport ne
sera livré à l'impression qu'après avoir été
revu, parce qu'il veut donner à chacun
des accusés, le degré de trahison qui doit
alimenter *son opinion publique.*

J'ai l'avantage d'être dépeint par lui avec
des couleurs assez vives, pour qu'on n'oublie pas qu'il m'avoit désigné comme une
de ses victimes.

Dans le rapport trouvé dans ses papiers,
où il ne parle que de Delaunay et de moi,

---

(1) Séance de la Convention, du 26 ventose, an deuxième.

où il nous burine, chacun, d'après le crayon de sa malice, il nous représente comme les deux chefs de la faction ; il dit, en parlant de moi : « Le second personnage, est Julien. Julien étoit déjà jugé par l'opinion publique, par des faits antérieurs, devenus trop publics ; Julien, flottant sans cesse entre tous les partis, avoit paru se fixer sur la montagne, pour cacher ses vues cupides et ambitieuses, sous le masque du patriotisme ; mais il s'étoit trahi, dès le moment où il étoit entré au comité de sûreté générale ; il ne s'étoit emparé du soin de faire le rapport des administrations coupables, que pour trahir la cause de la liberté, du peuple et de la vérité. Là, les crimes des conspirateurs furent palliés ; les vertus des républicains furent calomniées ; la mémoire, même, des martyrs de la liberté, fut outragée...... » C'est ainsi qu'il me dépeint à mes concitoyens ; c'est ainsi qu'il donne la mesure de la haîne qu'il a vouée à celui qui n'a jamais, ni su, ni voulu plier le genou devant cette idole de boue ; et dans le moment où il prononce mon arrêt de mort, il fait l'apologie de Chabot, qui l'avoit ni bien servi : « Les tyrans étrangers, dit-il, regardoient comme une victoire de faire tomber, du haut de la montagne, un des représentans du peuple, célèbre par son zèle pour la cause populaire ».

Sans doute qu'il seroit temps de passer au second objet de ma justification : mes diverses opinions dans la Convention nationale ; mes liaisons au-dehors.

On verra que je ne crains point d'en développer les motifs, et on y trouvera moins de prétextes de soupçon qu'on ne pense. Je ne parlerai point de mon opinion sur Capet : la Convention nationale a reconnu que tous ses membres tendoient au même but, par des routes différentes, l'anéantissement de la royauté ; mais je m'appésantirai sur ce rapport, fait au nom de la commission des marchés, qui a donné lieu à tant de soupçons, peut-être même à tant d'injustices, contre moi, parce que d'Espagnac en étoit l'objet. Je pourrois dire que je n'étois que l'organe du comité ; mais je présenterai les motifs qui le décidèrent.

Nous étions au moment de l'ouverture d'une grande campagne : déjà tout étoit en mouvement, troupes, artillerie, charrois, vivres.......; en un mot, le service étoit déjà organisé ; et la commission étoit chargée de réviser les marchés faits entre le ministre de la guerre et d'Espagnac. Le comité considéra qu'il seroit dangereux de casser ces marchés, au moment de la campagne, par la désorganisation momentanée qui en résulteroit dans cette partie ; et il proposa de les maintenir provisoirement, puisque la nation avoit le droit de compter de clerc-à-maître avec d'Espagnac. Tel est l'unique but de ce rapport, qui a été, contre moi, le sujet de tant de calomnies.

Bientôt, je développai mon opinion sur l'entière liberté des cultes, le seul moyen de consolider la paix de l'intérieur.

Envoyé en mission, à Orléans, j'ose dire que je m'y comportai avec cette franche impartialité qui devoit guider mes démarches. Plus d'une fois, les larmes du malheur ont cessé de couler par ma conduite, toujours dirigée par la plus sévère justice, sans égard pour ces dénominations injurieuses sous lesquelles on classifioit alors les citoyens ; plus d'une fois, l'infortuné a trouvé des consolations auprès de moi. C'est, à cette époque, que me fut adressée une lettre écrite par d'Espagnac, qui a fait le sujet de sa condamnation, quoiqu'elle contienne la preuve la moins équivoque de ma justification. Cette lettre, trouvée sous mes scellés, à Paris, et saisie avec enthousiasme par les émissaires du tyran, contient, à-peu-près, ces mots : après avoir rendu un hommage éclatant à la pureté de mes sentimens, il ajoute : « Et quoique je ne vous aie jamais rendu aucun service, comme à tant de lâches qui siégent à vos côtés, cependant vous avez défendu les droits de la justice contre, etc. , etc. ».

Je n'avois donc pas été payé pour faire le rapport, au nom de la commission des marchés. D'Espagnac, qui m'offroit alors ses services, et qui avouoit ne m'en avoir rendu aucun, reconnoissoit donc que, jusques-là, il ne m'avoit fait aucune offre injurieuse ; il reconnoissoit que je n'avois été déterminé que par l'utilité publique, lorsque j'avois émis mon opinion dans le comité des marchés....... Cependant, à combien de calomnies , contre moi, ce rapport n'a-t-il pas donné lieu ? Quel abîme de maux, creusé par les mains sacriléges du jacobinisme, n'a-t-il pas ouvert sous

mes pas ? Voilà, néanmoins, nos prétendues liaisons, pures, au moins, à cette
époque.

A mon retour, et c'étoit les derniers jours
de mai, d'Espagnac étoit en état d'arrestation ; il n'a pas cessé d'y être jusqu'à son
jugement, et toujours, un gendarme ou
un commissaire de police, désignés ou
choisis par Robespierre. ou ses agens, ont
été à ses côtés...... Je puis d'ailleurs attester, qu'à compter de cette époque, jamais je ne me suis entretenu, sans témoins,
avec lui ; que pendant cet espace de temps,
qui a duré environ cinq mois, je ne l'ai
vu que rarement, et le plus souvent, à la
commission des marchés, où j'étois invité
à me rendre, pour fournir des éclaircissemens sur une affaire que je connoissois à
fond, parce que j'avois été contraint de
la méditer, pour la présenter à la Convention. Et cependant, mes liaisons avec lui
étoient criminelles, dit Robespierre ! et
cependant, j'entretenois avec d'Espagnac
*la correspondance la plus intime et la plus
tendre !* (1) et la seule lettre de lui qu'on

____

(1) Rapport trouvé sous les scellés de Robespierre.

à pu saisir, prouve mon intégrité. Je demande maintenant, où sont celles que je lui ai adressées ? A-t-on trouvé dans ses papiers quelques traces de cette correspondance *si intime et si tendre ?* Elle n'en est pas altérée, cette intégrité, par mon opinion sur la régie des transports militaires. Alors, comme aujourd'hui, je croyois la régie préjudiciable aux intérêts de la République; les évenemens n'ont que trop prouvé la justesse de mon opinion; alors calomnie, parce que l'expérience n'avoit point éclairé sur ses dangers, l'on m'a fait un titre de corruption, d'une opinion juste et librement émise.

Celle que j'ai manifestée le 31 mai ne peut m'être imputée à crime. J'arrive de Saumur, après deux mois et demi d'absence, au moment où une nouvelle révolution alloit s'opérer dans le sein de la Convention, et plonger le poignard dans celui de ses plus éloquens orateurs et d'un grand nombre de ses représentans fidèles. Je m'informe, j'interroge, je suis trompé; hélas ! il étoit difficile de ne pas l'être au milieu de tant de piéges tendus à la crédulité; je crois marcher à la liberté, et je monte le premier échelon de l'échafaud qui m'attendoit.

Peu après, appelé au comité de sûreté générale, je ne dis pas comme Chabot : *Je n'ai signé aucune liberté ;* je dis, au contraire, j'en ai signé beaucoup ; et jamais le malheureux ne s'éloigna de moi sans trouver des motifs de consolation ou d'espérance. Ici j'interpelle tous mes collègues (quelle partie de la salle qu'ils habitassent, puisqu'il faut rappeler une division malheureuse) ; je les interpelle de déclarer si jamais ils m'ont trouvé étranger à la pitié et à la compassion : que dis-je ? à la justice ! et au milieu des brigands qui ont désolé mon pays, il y avoit sans doute du mérite à être juste. Ont-ils jamais eu à se plaindre de ma conduite à leur égard ? n'ai-je pas toujours accédé à leurs justes réclamations ? et me suis-je permis, hélas, comme quelques autres, de les traiter avec une dureté insultante........ ! Que l'on me rende du moins cette justice, puisque la prévention et la haine m'en ont enlevé toute autre.

Fidèle aux principes qui me dirigeoient, je me suis comporté, dans le comité de sûreté générale, avec les égards que l'on doit au malheur , quelque soit l'homme qui en est l'objet. Souvent, pour adoucir les fureurs révolutionnaires de quelques patriotes furibonds , j'ai présenté l'homme innocent comme égaré , pour épargner son sang prêt à couler au premier signal des assassins. C'est ainsi que , dans le rapport sur Westerman, que je regardois comme le vainqueur de la Vendée, le seul capable de terminer cette guerre désastreuse, j'ai laissé planer quelques soupçons d'inconduite dans les opérations militaires, pour détourner de dessus sa tête les fureurs de cette horde impie, ennemie de la patrie et de ses défenseurs les plus zélés , le faire renvoyer devant un tribunal militaire, sur les lieux même, où j'étois assuré qu'il seroit acquitté , et pour l'éloigner du tribunal assassin. Si j'avois dit la vérité sur son compte, si j'avois avancé que je le regardois comme un héros , il étoit perdu , sa mort étoit jurée. Bouchotte et Vincent , mes ennemis personnels , quoique je ne les eusse jamais vus (1), le poursuivoient avec achar-

____

(1) A cette époque tous les bureaux de la guerre retentissoient de mon nom ; on m'y dépeignoit sous les couleurs les plus noires.

nement : aussi , vint-il me **remercier** de l'avoir écarté, par ce moyen, du tribunal de Paris, pour ajouter une feuille de lauriers à ses triomphes passés, et le couvrir d'une nouvelle gloire, en le faisant juger par ses pairs.

C'est ainsi que j'ai arraché au tribunal révolutionnaire quatre curés constitutionnels de Paris, que l'on avoit compris dans une loi dont l'effet devenoit, pour eux seuls, rétroactif ; c'est ainsi que je voulois diminuer le nombre des victimes destinées à la mort par Robespierre et ses bourreaux, après les évènemens du 31 mai. Tel étoit le but de mon rapport sur les administrations que l'on appeloit *fédéralistes*. Ici je dois entrer dans quelques détails.

Maximilien m'accuse (1) de m'être obstiné à faire ce rapport : j'en conviendrai sans peine ; et, quoiqu'il soit une des causes malheureuses de ma proscription, peut-être même de la prévention qui plane encore sur ma tête, je dirai que mes intentions furent pures en m'en chargeant ; je dirai qu'elles ne tendoient qu'à diminuer l'effu-

____

(1) Rapport trouvé dans ses papiers.

sion du sang. C'est tout ce que l'on pouvoit faire dans ces temps malheureux : Robespierre avoit résolu de présenter lui-même ce rapport ; il vouloit répandre le poison assassin qu'il préparoit aux patriotes énergiques ; il vouloit essayer déjà sa domination, en répandant ses maximes odieuses, et en donnant un élan terrible à la troupe de ses satellites armés : pour le coup, il ne réussit pas ; l'époque fut éloignée. Cependant je fis avertir les diverses députations que je prendrois tous les renseignemens qu'elles voudroient me donner ; je remis même à plusieurs de mes collègues le travail que je fis sur chaque département, et je me conciliai avec tous ceux qui se présentèrent pour me faire leurs observations. Trois fois je présentai au comité le projet de décret, qui ne contenoit d'abord aucun renvoi au tribunal révolutionnaire ; trois fois il fut rejetté comme trop doux et trop modéré........ Je dois cependant cette justice à quelques-uns de ses membres, qu'ils déploroient avec moi la nécessité où ils se trouvoient d'être si rigoureux. Le dernier projet que je ne pu présenter au comité, parce que je n'en étois plus membre, mais

que je lus à quelques-uns des anciens, étoit
encore trop doux, disoient-ils ; mais pour
le coup je ne voulus y faire aucun chan-
gement ; je le fis imprimer par ordre de la
Convention nationale. Je prévis qu'il seroit
rejetté ; mais je pensai que, par cette pu-
blicité, je donnerois une idée des mesures
prises dans certains départemens, et que
cette connoissance pourroit éloigner les projets que l'on tramoit pour les perdre. Peut-
être ai-je réussi dans certains points ; sur
d'autres j'ai eu la satisfaction de m'entendre
dire, même pendant mon exil......... *Du
moins si votre rapport eut été suivi.......*
Je ne pu cependant pas y dissimuler les
causes des malheurs de Lyon ; et mon cœur
ulcéré ne put résister à l'envie de faire du
moins soupçonner ce que je pensois sur
le compte d'un certain martyr de la liberté....
C'en fut assez....... Toutes les furies se
déchaînèrent contre moi : Robespierre me
dénonça aux jacobins, comme un *brissotin*,
un *fédéraliste* ; il dit que dans mon rapport « les crimes des conspirateurs étoient
palliés, les vertus républicaines calomniées,
la mémoire même des martyrs de la liberté
outragée : cette municipalité de Lyon ,

ajouta-t-il, assassinée par ce *royaliste*, et son digne chef le *magnanime Chalier*, furent lâchement outragés »...........

Mon ouvrage fut condamné aux flammes. Heureusement pour moi, les féroces assassins, dont le repaire étoit *rue Honoré*, n'avoient point encore allumé la foudre qui devoit incendier le Midi : une députation, conduite par *Collot*, fit prendre le même arrêté à la commune. On me força de me rétracter authentiquement, et on me fit un crime du rapport et de la rétractation.

Ce seul article pouvoit ouvrir les yeux les moins clairvoyans ; tandis que, pour avoir voulu épargner le sang de mes concitoyens, je me trouvai en butte aux assassins de Robespierre : je paroissois à certains yeux trop modéré, à plusieurs autres trop rigide. Je me déterminai alors à demander moi-même que le nouveau comité de sûreté générale fît un nouveau rapport : il n'a pas été fait....... Mais le sang des *prétendus fédéralistes* que je voulois épargner, n'a-t-il pas coulé avec une profusion révoltante.... J'ose le croire, nul homme n'a péri conduit à l'échafaud par mes écrits ; et, comme je le disois dans une de mes lettres au comité de salut public, je m'honore de n'avoir jamais signé nul arrêt de proscription ou de mort : mes successeurs au comité de sûreté générale peuvent-ils en dire autant ? Je vous atteste, familles malheureuses, victimes infortunées qu'ils ont traînées par milliers à l'échafaud !

Si j'ai voulu soumettre les *prétendus fédéralistes* à des déplacemens, à des arrestations momentanées, et à des peines de circonstance, c'est que je prévoyois que leur sang étoit envié par le tyran qui redoutoit leur énergie. Je déclare donc que le seul desir d'être utile à l'humanité m'a fait entreprendre un travail d'autant plus désagréable, qu'il fut le fruit de la lecture de quatre ou cinq mille pièces arrivées au comité de sûreté générale. Je dois encore un aveu plus formel, celui de déclarer que la plupart de ces pièces renferment les preuves du plus grand amour de la patrie, du plus grand dévouement à la représentation nationale et à l'inviolabilité de ses membres.

Je ne m'étendrai pas davantage sur ce rapport, trop long-temps rappelé ; je pourrois dire, pour prouver mon assertion, qu'il a été rédigé par un homme qui m'étoit dénoncé à moi-même comme un partisan de la Gironde ; par un homme qui avoit des amis particuliers parmi les députés proscrits ; par un homme qui avoit peut-être trop manifesté son opinion contre les événemens du 31 mai ; par un homme, enfin, qui a mérité de se trouver inscrit sur la liste arrêtée aux anciens comités le 2 thermidor, rapportée dans les papiers publiés par la commission des vingt-un. En le voyant accolé à mon nom, on doit s'appercevoir que les tyrans n'avoient pas encore perdu l'espoir de découvrir mon obscure retraite, puisque je suis désigné sur cette même liste, malgré que je fusse déjà et jugé et hors la loi.

Mes opinions particulières furent toujours guidées par la justice et la modération ; ceux qui m'ont vu de près ont su me juger. J'ai fait quelques autres rapports, mais aucun n'avoit trait aux finances de la République : cette partie m'étoit absolument étrangère, et je serois très-embarrassé pour donner même le développement du moindre plan de finance. Est-ce un tel homme qu'on essaie de corrompre ? est-ce son suffrage qu'on achète ?

Deux opinions écrites peuvent encore avoir été trouvées sous mes scellés. L'une étoit relative à la Corse ; elle devoit être imprimée à la suite du rapport sur les administrations. A cette époque je disois que la mise hors la loi étoit une mesure aussi barbare qu'atroce, et qu'elle ne pouvoit être mise à exécution que contre les tyrans qui voudroient tenter d'élever leur trône sanguinaire sur les ruines de la liberté et de l'égalité. L'autre étoit relative à la situation de nos isles d'Amérique, et particulièrement aux désastres de Saint-Domingue. On a dû y trouver les principes de la vraie et pure philantropie, alliés avec les intérêts politiques et commerciaux de la République. Ce n'étoit sans doute pas là le but où tendoient les tyrans.

C'est au milieu de ces travaux, tour-à-tour calomniés par tous les hommes qui ignoroient mes sentimens, que j'arrivai enfin à l'époque malheureuse où je devois tomber sous la faulx vengeresse du tyran : un mandat d'arrêt, lancé contre moi par les deux comités de gouvernement d'alors, devoit préluder ma perte ; j'eus le bonheur de m'y soustraire, quoique tous les

maux qui en ont été la suite m'aient souvent fait desirer la mort. J'arrive à Paris,
et recueilli pour quelques instans par un
ami généreux, je le quitte, pour me trouver
balotté d'asile en asile : tout secours m'est
refusé : dans des temps prospères, on n'a-
voit pas craint de me faire les offres les
plus gracieuses ; dans le malheur, on me
dépouille, même de quelques effets achetés
pour un déguisement, afin d'échapper ainsi
avec plus de sûreté aux poursuites de mes
féroces ennemis. Je suis abandonné, sans
secours, au milieu d'une rue fréquentée,
où je suis exposé à tous les regards. Plusieurs heures se passent dans l'incertitude
la plus cruelle : je trouve enfin une ame
sensible, qui me place sous la pente d'un
escalier, où mon corps, à demi recourbé
sur lui-même, est dans la position la plus
pénible : je reste deux mois dans cet asile,
au milieu des glaces de l'hiver, n'ayant
pour lit que quelques planches, et pour
nourriture, qu'un pain de douleur.

Le seul ami qui m'avoit offert cette retraite, est bientôt arrété. Je sors de ce
cachot obscur, ignorant quel sera mon nouvel asile. Je le trouve, après mille dangers.
Bientôt

Bientôt on est instruit, que sous peu de jours, la perquisition la plus rigoureuse va être faite dans cette maison. Accablé sous le poids de mes maux, mais fort de ma conscience, je prends le parti de me rendre au comité de sûreté générale. Déjà j'étois dans l'intérieur du local qu'il occupoit, lorsque j'apperçois un de mes collègues qui en sortoit ; il s'écrie, en me voyant : Où vas-tu, malheureux ? — Tu cours au supplice. — Va-t-en. — Éloigne-toi de ce séjour de mort. — Je n'ai que le temps de lui répondre : Mais je n'ai rien à me reprocher. N'importe, ajoute-il, ta perte est résolue ; éloigne-toi. — Bientôt ses avis sont suivis ; je suis déjà loin de l'enceinte fatale. Je ne me permettrai pas de nommer celui de mes collègues qui m'a ainsi sauvé la vie : j'ignore si je pourrai un jour m'acquitter envers lui de tout ce que je lui dois, et révéler son nom : j'ignore s'il voudra me le permettre ; mais du moins il doit être assuré de mon éternelle reconnoissance ; de cette reconnoissance qui n'abandonne jamais les ames sensibles, et que le malheur rend plus sacrée.

Cependant ma femme, un fils de quatorze

ans, que quelques uns ont voulu, méchamment sans doute, confondre avec ce *Julien*, qui étendit sur Bordeaux un crêpe ensanglanté, étoient en état d'arrestation; tout ce qui m'avoit approché étoit proscrit et embastillé : mon nom seul appeloit les furies vengeresses sur ceux même qui ne m'avoient que connu...... O ma femme, mon fils, ô mes amis......! si jamais le destin moins cruel permet que je vous revoie ; si vous pouvez échapper au fer vengeur suspendu sur vos têtes, venez dans le sein de l'amour et de l'amitié recueillir les fruits de mon inviolable attachement, et y trouver les consolations que pourra vous offrir l'innocence opprimée : en vous serrant contre mon cœur, je vous arroserai de mes larmes ; ma sensibilité ne pourra avoir d'autre expression...... Mais si vous périssez, je cours affronter le tyran, je me fais jour jusqu'à lui, je le terrasse, et je vole à l'échafaud ; la postérité honorera mon généreux dévouement........

Je suis donc loin du comité de mes assassins ; j'erre au hazard, sans dessein, ignorant encore le lieu de ma nouvelle retraite... Après de longues recherches, je suis encore recueilli par celui-là même qui m'avoit placé dans le souterrain de l'escalier : il avoit été rendu à la liberté ; mais ce n'est pas chez Lacroix que je me suis jamais retiré ; ce n'est pas chez lui, comme le prétend Elie Lacoste, dans son rapport mensonger sur les prétendus assassinats de Collot et de Robespierre, que j'ai trouvé un asyle. On sent sans doute qu'on ne pourroit m'en faire un crime, parce que l'homme persécuté et proscrit embrasse tous les moyens de salut public qui lui sont offerts ; qu'il lui est même permis d'en créer pour se soustraire aux vengeances méditées contre lui ; mais cette assertion est une des mille et une calomnies qui caractérisent ce rapport abominable. Je dirai à Elie Lacoste, qui m'accuse aussi d'avoir participé à l'assassinat prétendu des deux tyrans, que je n'ai point eu ce bonheur ; que, pendant mon exil, je n'ai jamais vu aucun des complices de cette *conjuration* : je lui dirai qu'il en a imposé audacieusement, lorsqu'il a avancé que j'avois réussi à me soustraire à la rigueur des lois (d'Elie Lacoste) par le moyen d'un nommé Jardin, ci-devant écuyer du tyran Capet. Je puis attester à la France entière que je n'ai jamais connu l'homme dont il parle ; je n'ai jamais entendu prononcer son nom que par Elie Lacoste. Où est la preuve matérielle de cet *insigne délit ?* où en est la déposition ? quel est mon accusateur ?..... Mais qui ne sait point que les suppositions les plus absurdes régnoient dans ces rapports de prétendues conspirations ? Je dirai plus : je n'ai pas fui en guêtres, le fouet à la main, comme le prétend encore le même rapporteur ; et, pour le convaincre d'imposture par lui-même, je n'aurai qu'à lui rappeler le signalement envoyé par le comité de sûreté générale. Ce signalement, expédié à toutes les barrières, affiché à tous les corps de-garde de la République, inscrit sur la porte et dans l'intérieur de toutes les maisons communes, répandu avec une profusion marquée dans tous les pays libres ; tant la haine active mettoit d'importance à exercer sur moi ses fureurs, et à me traîner sur les échafauds dressés par la tyrannie. Ce signalement, où la couleur et la forme de mon habillement entier étoit dépeinte : ce signalement, que j'ai vu moi-même dans une infinité de corps-de-garde où j'ai été appelé.

Mais pourquoi ai-je besoin de combattre de pareilles absurdités ; l'Europe entière ne connoît-elle point la malheureuse *Renaud* et les conspirations des prisons ? l'Europe entière ne sait-elle point que, d'après ce rapport écrit en lettres de sang, on a extrait des nombreuses bastilles de Paris environ soixante malheureux détenus au moins depuis six mois, pour avoir voulu assassiner le tyran depuis un.......

Elie Lacoste qui, dans cet assassinat, me fait jouer un des principaux rôles, pense donc qu'un proscrit infortuné a de grands moyens, quand il est poursuivi par une inquisition aussi barbare qu'odieuse. Mais tout n'est qu'imposture dans le roman atroce où les faits les plus indifférens prennent la nuance du crime ; et je dis aux anciens membres du comité de sûreté générale : c'est chez un homme que vous aviez journellement dans vos bureaux que j'ai resté caché ; c'est chez un homme qui vous parloit à tout instant du jour, que *vous honoriez* de quelque bienveillance, et qui étoit digne d'un nom que vous déshonorez, puisqu'il a soustrait un innocent à vos fureurs. Je leur dirai : Souvent vous avez pressé le méme plancher que moi ; souvent vous avez déjeûné à mes côtés : plus souvent encore je vous ai entendu répéter : *Si nous pouvions le trouver......* Je ne vous en dirai pas davantage ; je vous abandonne à vos remords, si vos ames, familiarisées avec l'injustice et le crime, en sont encore susceptibles : si cependant je ne veux leur dire encore les moyens de mon évasion, qu'ils ont dénaturée.

Que pouvois-je faire pour me soustraire aux ordres réitérés et pressans qu'ils donnoient contre moi ? Citoyens, libres ou détenus, tout étoit à ma poursuite ; du fonds des cachots, des intrigans écrivoient contre moi ; au fonds des cachots on offroit des trésors et la liberté , pour décéler ma retraite à des hommes qu'on ne savoit pas apprécier , alors......... Mais je dois me taire ; le détail des maux que j'ai souffert réjouiroit encore leur cœur barbare.

Après mille dangers , après avoir passé sous les yeux de plusieurs des commissaires de la Convention , dans mes courses nocturnes , j'arrive dans le centre des rochers. Au milieu de monts couverts de glaces

éternelles, mon ame, oppressée par l'injustice, redit aux échos sa douleur. Là, je
trouve l'amitié sensible et généreuse, j'y
trouve la paix ; mais le bonheur étoit loin
de moi.... Ma femme, mon fils, vous étiez
entre les mains de mes bourreaux, pressés
par le besoin, peut-être sans asyle..... que
dis-je.... peut-être malades, gissant sur un
lit de mort, vous appeliez votre époux,
votre père ; et la moindre trace de vos pleurs
pouvoit entraîner votre perte. Si les maux
que j'ai endurés loin de vous sont incalcu-
lables, croyez que toujours présens à ma
pensée, l'image effrayante de votre triste
situation étoit gravée au fond de mon cœur
flétri par l'infortune : vous savez si je suis
bon fils, bon père, bon époux.... Et vous,
amis généreux, vous qui m'avez recueilli
dans mon naufrage, qui m'avez ouvert des
bras compatissans dans cette tourmente pas-
sagère ; ames sensibles, le temple de la reconnoissance vous est élevé dans mon cœur,
et le souvenir d'une douce hospitalité verse
un beaume consolateur sur les plaies que me
fit la calomnie.

Je me résume.

D 4

Aucune preuve , nul indice même des délits qui me sont imputés ne peut exister contre moi ; les contradictions qui se trouvent dans les déclarations de mes dénonciateurs le prouveroient assez , si d'ailleurs je n'avois démontré l'impossibilité même des faits allégués ; je dirai plus , je n'ai vu que deux fois le ci-devant baron de Batz , le fameux Laharpe étoit toujours présent ; un heureux hasard me fit toujours rencontrer avec lui. Je n'ai jamais eu aucune relation , aucune liaison particulière avec Benoît : Chabot dit lui-même que je n'ai été que deux fois chez lui ; encore a-t-il oublié d'ajouter que c'étoit à l'époque de son mariage , et avec plusieurs de mes collègues , qui , comme moi , y étoient invités à dîner. Delaunay affirme que nous n'avions ensemble aucune intimité ; Bazire , qu'il ne m'a vu qu'au comité de sûreté générale. D'un côté , je suis , suivant Chabot , un agent inutile ; de l'autre , un des principaux , suivant Bazire ; et , suivant Delaunay , j'ai concouru à dépouiller les malheureux successeurs de la Gironde pour les sauver...... Cependant , le partage des sommes consignées alloit s'opérer ; et je pars , je

m'éloigne dans ce moment, moi qui, suivant Chabot, paroissoit si âpre à partager
le salaire de l'iniquité, j'abandonne ma
proie, au moment où je vais la saisir. On
altère un décret: il n'est pas question de
moi : c'est sur cette altération qu'est fondé
un gain sordide et deshonnête ; et aucun
même des dénonciateurs n'a pu dire que
j'en fusse instruit. On trouve, sous mes
scellés , *une seule lettre* de d'Espagnac ;
elle prouve mon intégrité. Benoît qui, dans
toutes les déclarations, est dénoncé comme
le principal agent de la faction, dépositaire
de 500,000 livres , vient d'être reconnu
innocent par le comité de sûreté générale.
Et le dénonciateur principal écrivoit à son
héros qu'il avoit *ponctuellement exécuté ses
ordres !* A quel autre détenu qu'à Chabot, son
affidé, Robespierre eut-il permis une correspondance aussi active ? Pour se convaincre
que Maximilien étoit mon ennemi person-
nel, qu'on lise toutes les épigrammes du
temps, et l'infâme journal de la montagne,
où les diatribes les plus virulentes sont pro-
pagées contre l'homme qu'il vouloit perdre,
parce qu'il n'avoit pu l'enchaîner au char de
sa tyrannie. Robespierre, en un mot, m'avoit

dénoncé et fait dénoncer par Payan, son faiseur et son calomniateur à gage.

S'il existe encore quelques doutes sur ma conduite, je dirai à celui de mes collègues qui l'élèvera, que je suis prêt d'entrer avec lui dans tous les éclaircissemens qui pourront tendre à mon entière justification : je lui dirai, avec la confiance d'une ame pure, que je ne suis pas initié plus que lui à tous ces tripotages inventés par Chabot, pour couvrir sa fortune, et que si j'avois voulu m'enrichir, je n'aurois pas eu besoin de mendier auprès de lui le rôle d'un agioteur subalterne, qu'il me distribue si gratuitement, et contre toutes les vraisemblances possibles. Mais l'ai-je fait, moi qui, huit jours après ma proscription, ai eu besoin de recourir à l'amitié compatissante et généreuse ? moi qui, pour m'évader, ai dépouillé ma femme et mon fils de toutes les ressources qui leur restoient, qui ai abandonné mon père, dont j'étois, depuis vingt ans, le seul appui dans sa vieillesse, gémissant peut être dans la plus profonde misère. Etoit-il riche, celui dont la femme a resté sans autre secours que celui du travail de ses mains, dont le fils, si foible encore, a été réduit, pour vivre, à l'état approchant de la domesticité, dont les amis proscrits, par rapport à lui, et embastillés, ont vendu, dans leurs cachots, leurs effets et leurs hardes? Et j'étois riche, moi qui, dans mon exil, me suis livré, pour vivre, au travail le plus pénible et le plus dur; moi qui n'avoit pu payer une modique somme que je dois encore à un de mes collègues; qui, depuis mon entrée à la Convention, n'avois pu m'acquitter de quelques dettes jadis contractées dans le besoin........ J'offre à mes détracteurs la preuve irréfragable de tous ces faits.

Telle étoit cependant ma situation, lorsque le tyran a sonné contre moi le tocsin de l'improbité; lorsque David, Lebas appeloient sur moi, du haut de la tribune des brigands sanculottisés, la hache sanglante dont les mains des Marius et des Sylla étoient armées; lorsque Maximilien faisoit crier de tous côtés, par les cent mille bouches qui lui étoient dévouées, que j'étois un agioteur, un intrigant, que d'Espagnac payoit mes opinions........; incul-

pations d'autant plus odieuses, qu'elles at-
taquoient ma moralité, avec pleine as-
surance d'attirer sur moi la haine et la
prévention. Quelle marque plus certaine
veut-on que ma perte étoit résolue depuis
long-temps, si ce n'est celle qui fit mettre
les scellés sur mes papiers, dans les pre-
miers jours de septembre 1793, (vieux
style). J'ignore encore quels en furent
les motifs ; mais le tyran, furieux de ne
trouver dans ma correspondance (qui sait
s'il ne vouloit pas trouver celle de Lasource)
nul moyen de me perdre, malgré qu'il eût
envoyé à la recherche plusieurs de ses plus
affidés partisans, éloigna pour un temps ses
projets contre moi, et décida enfin Chabot
de me comprendre dans une conspiration
qu'il formoit pour cacher des biens acquis,
je ne sais par quels moyens. On voit que
dès le mois de septembre, au moins, ma
perte étoit résolue ; mais mes papiers
n'ayant fourni aucun moyen d'attaquer ma
probité, ce ne fut qu'à la fin de brumaire
que les nouveaux matériaux furent prêts,
et qu'on frappa le coup fatal. Pendant l'espace de temps qui s'écoule d'une époque
à l'autre, les calomnies les plus absurdes

sont inventées, répétées, accréditées ; les dénonciations les plus ridicules sont répandues avec profusion ; mes pas sont suivis ; tous mes mouvemens sont épiés, et Vadier écrit à un de ses agens, à Toulouse, de ne *rien négliger pour me perdre dans l'opinion publique* (1) ; en un mot, mon sort étoit décidé ; l'échafaud m'attendoit.

Trop long-temps, enfin, le crime et l'assassinat avoient régné sur la France ; trop long-temps un décemvirat furieux, tout couvert du sang des citoyens, nous avoit accablés du poids de sa barbarie : le jour qui assure le triomphe de l'innocence est enfin arrivé ; puisse-t-il n'être jamais souillé par aucun nouvel attentat contre l'humanité ! Puissent les Représentans du peuple marcher fermes, tranquilles et unis vers le terme de leurs travaux ! trop heureux, si je puis concourir encore au bonheur de mon pays : que l'intrigue, bannie de l'enceinte qui les renferme, retourne à sa source empoisonnée ; qu'elle rentre dans les cours des tyrans,

---

(1) C'étoit dans le mois vendémiaire, an deuxième.

dont elle est sortie, pour le malheur du monde, et que la France républicaine, heureuse au-dedans, et redoutable au-dehors, donne à l'univers l'exemple de toutes les vertus.

Mais, avant de terminer, je dois encore une profession de foi plus authentique sur les évènemens du 31 mai, auxquels je n'ai eu aucune part, sur lesquels j'ai versé des pleurs de désespoir et de sang : j'ai donc besoin de rappeler encore quelques faits qui ne laisseront aucun doute sur ma façon de penser.

Je l'ai dit ; après deux mois d'absence, j'arrivai de Saumur le 29 mai, avec le trop infortuné *Carra* : l'agitation la plus violente régnoit dans l'assemblée ; et j'avoue que je ne compris point où l'on en vouloit venir : les calomnies les plus fortes étoient répandues contre des hommes dont j'ai toujours admiré les talens. Je fus trompé, je ne m'en suis jamais défendu, même avant ma proscription ; j'en atteste mes collègues *Courtois*, *Bernard de Sainte-Affrique*, *Jac.........* Mais on m'a reproché, dans le temps, d'avoir été à la tribune le 31 mai, avec *Legendre de Paris*, pour forcer *Lanjuinais* à en descendre : eh bien ! j'en appelle à Legendre lui-même ; s'il a les faits présens, il se rappellera que, bien loin d'avoir voulu forcer Lanjuinais à descendre, j'ai, au contraire, invité Legendre de le laisser parler ; je l'ai pressé de revenir à sa place. Les suites des évènemens de cette journée n'appartiennent qu'à ceux qui en furent les auteurs secrets, qu'à ceux qui forcèrent la main à la Convention. *Hanriot* vouloit tout engloutir, et la commune conspiratrice sauver seulement quelques-uns de ses partisans.

Oui, comme l'a dit Robespierre, j'ai toujours cherché *à pallier* les crimes supposés aux prétendus fédéralistes ; et si tant d'hommes ont été trompés sur ces malheureux évènemens ; si Legendre de Paris, si Tallien, si Fréron, si André Dumont..... présens, l'ont été, pourquoi ne l'aurois-je pas été, moi qui étoit à cent lieues de Paris, et au milieu d'une armée ? Si André Dumont a été obligé, pour épargner le sang, d'écrire qu'il alloit en faire verser, quelle autre conduite ai-je tenue dans le comité de sûreté générale ? Quels sont ceux des prétendus fédéralistes que j'ai fait condamner ? Qu'on lise les décrets et les arrêtés que j'ai pro-

voqués : on verra que j'ai fait renvoyer
dans leur département le procureur-général-
syndic de la Dordogne et celui de la Nièvre ;
que j'ai fait acquitter le général Beysser ;
que j'ai fait renvoyer, absous, le président
du département du Gers, celui de la Haute-
Garonne ; que j'ai fait mettre en liberté les
directeurs de la monnoie et de la poste aux
lettres de la même ville. J'ai vainement
sollicité, après ma sortie même du comité,
la liberté de *Barras* et de *Sevene* ; j'ai plusieurs fois fait dire au malheureux *Dario*,
suppléant à la Convention nationale, au
commandant de la force armée de Toulouse...... de ne point se rendre à Paris ;
aussi n'y sont-ils point venus pendant que
j'étois au comité de sûreté générale : ils
ont été trompés, dans la suite, par des
avis puisés à une mauvaise source (1). Plusieurs membres de l'administration du Finis-
tère, qui venoient journellement chez moi,
pourroient attester que je n'ai jamais voulu
les faire arrêter : un membre de celle du Tarn
a reçu de moi le conseil de repartir pour

____

(1) Je sais que Vadier leur faisoit dire d'être tranquilles ;
et il les a fait guillotiner !

son département ? J'ai vivement sollicité le renvoi du maire, ou procureur de la commune de Montauban...... Oui, j'ose le dire, je faisois le bien sous l'apparence du mal, parce qu'il étoit impossible de le faire autrement ; parce que je ne pouvois suivre que par ce canal l'impulsion où mon cœur me dirigeoit. Au reste, je puis attester que dans mes écrits, je n'ai jamais rapporté aucune pièce fausse ou controuvée...... Si on m'avoit tant cru l'ennemi des proscrits, *Lasource*, dont on connoît les qualités, la fermeté et le courage, auroit-il entretenu avec moi une correspondance intime ? Fonfrède m'auroit-il demandé une conférence, avant que mon rapport parût, et après ma sortie du comité, pour arranger les articles qui concernoient son département.

Pourquoi donc, lorsque Alquier, Laignelot, Bazire, moi....., étions au comité de sûreté générale, Pourquoi Robespierre n'a-t-il pas demandé l'arrestation des soixante-treize ? Pourquoi n'a-t-il pas fait présenter l'acte d'accusation contre les vingt-deux ? Il connoissoit sans doute ma réponse à Aubry, mon collègue, qui inquiet sur les bruits de l'arrestation projettée des soixante - treize, s'informa avec moi de la vérité....... Aubry, j'en atteste tes malheurs et ta probité : ne t'ai - je pas dit que tant que le comité de sûreté générale seroit composé comme il l'étoit alors, les soixante-treize n'avoient rien à craindre.....? Béfroy, député de l'Aisne, je t'interpelle aussi : comment me suis - je comporté à la levée de tes scellés ?

Je le répète encore : je n'ai jamais participé à aucun complot quelconque ; je n'ai jamais vu dans mes collègues que des frères, et des frères malheureux ; je n'ai point à me reprocher d'avoir fait verser le sang ; j'ai tout fait, et souvent plus que je ne pouvois, pour l'épargner; je me suis exposé à toute la rage du tyran, pour traverser ses desseins : la mise des scellés sur mes papiers, au mois de septembre, ma proscription concertée, du mois brumaire, en sont une preuve.

Quai - je demandé à la Convention ? de me juger, d'examiner ma conduite, mais de m'entendre ; elle ne peut me le refuser. J'ai été investi de la confiance de mes concitoyens ; je suis Représentant du

peuple : aucune action coupable ne m'a
fait trahir cette qualité ; le calme de l'innocence règne dans mon cœur. Si donc,
j'avois été le partisan du systéme de terreur qui, trop long-temps, a affligé ma
patrie, aurois-je trouvé mes ennemis
dans ceux qui l'ont si fortement soutenu ?
S'ils eussent cru pouvoir me ranger sous
leurs sanguinaires bannières, m'eussent-ils
poursuivi avec un acharnement si marqué ?
Non : jamais je ne vis qu'avec horreur
couler le sang de mes concitoyens : toujours j'éloignai la foudre révolutionnaire
loin de ceux même qu'on disoit mes ennemis........ Mais je demande justice........ :
toujours je ne cesserai de crier justice..... !
Les principes qui dirigent la Convention
nationale, ne me laissent pas douter de
voir bientôt terminer mes longs malheurs.

JULIEN de Toulouse, député.

DE L'IMPRIMERIE DE DUPONT.

9 782012 929753